Palmitos Park

2.ª *Edición*

Palmitos Park

por
David Bramwell
y
Zoë I. Bramwell

Palmitos Park
Isabel Saavedra Acevedo
Maspalomas (Costa Canaria)
Gran Canaria (España)

Reconocimientos

Las láminas en color proceden de fotografías hechas por Zoë I. Bramwell, con las excepciones siguientes, páginas número: 51 (inferior), 57 (centro), 61 (inferior), 89, 97 (inferior), 99 (inferior), 101, 109 (superior), 111 (inferior).

Acknowledgments

The colour plates are from photographs by Zoë I. Bramwell with the following exceptions, pages number: 51 (lower), 57 (center), 61 (lower), 89, 97 (lower), 99 (lower), 101, 109 (upper), 111 (lower)

1.ª Edición 1984
2.ª Edición 1987

© David & Zoë Bramwell
© Isabel Saavedra Acevedo
I.S.B.N.: 84-7207-035-2. Primera edición, 1984
Depósito Legal: M-18.669-1987
Imprime: GRAFUR, S.A. - Polígono Igarsa - Naves E-F
Paracuellos del Jarama (Madrid)

Edición realizada por:

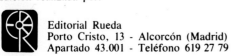

Editorial Rueda
Porto Cristo, 13 - Alcorcón (Madrid)
Apartado 43.001 - Teléfono 619 27 79

A Klaus Paulmann

Indice

Palmitos Park	10
Entrada	14
El patio	16
Los lagos	18
Palmeras	20
Vegetación natural	22
Arbustos y árboles floridos	24
Plantas crasas	26
Aloe	28
Agave y yucca	30
Cactos	32
Cactos	34
Cactos	36
Conservación	38
Pájaros de Palmitos Park	43
Flamencos	44
Flamenco chileno	46
Avefría, India	47
Patos	48
Tarros	50
Pato mandarín	52
Porrón menudo	53
Pato de casco	54
Ansar Emperador	55
Gansos	56
Ganso hawaiano o Nene	58
Cisne coscoroba	59
Cisnes	60
Grullas	62
Grulla Damisela	64
Grulla coronada	65
Grulla común	66
Tangara golondrina	67
Ibis sagrado	68
Pavos y gallinas de Guinea	70
Gallina faraona	72
Gallina de Guinea o faraona plumada	73
Pavo ocelado	74
Carraca de Abisinia	75
Pavo real	76
Faisanes	78
Gallo bankiva	80
Araraunas o Guacamayos	82
Guacamayo verde	84
Guacamayo rojo	85
Guacamayo azul y amarillo	86
Guacamayo severa	88
Guacamayo jacinto	89
Guacamayo escarlata	90
Rosella oriental u omnicolor	91
Amazonas	92
Papagallo de corona amarilla	92
Papagallo de cara amarilla	93
Papagallo de frente azul	93
Lorito o cotorra de nuca amarilla	94
Cotorra de corona amarilla	94
Loro rojo o amboina	94
Cacatúas	96
Cacatúa rosada o de Leadbeater	98
Cacatúa enlutada, cacatúa negra gigante, cacatúa de palmera	98
Crestiamarilla. Cacatúa de moño amarillo	100
Jaco o Yaco, papagallo gris	101
Inseparables	102
Loro ecléctico	104
Tucán, piapoco amarillo	105
Tucanes y sus parientes	106
Tucanito verde con rabadilla roja	108
Tucán toco	110
Pichones y palomas	112
Paloma coronada	114
Gura azul	115

Aves del mundo

Pájaro azul de Hadas	116
Colio de nuca azul	116
Ruiseñor de Japón	116
Diamante de cola larga	116

Contents

Palmitos Park	11	Pheasants	78
Entrance	14	Junglefowl	80
The patio	16	Macaws	82
The lakes	18	Green Macaw	84
Palms	20	Red Macaw	85
Natural vegetation	22	Blue and yellow Macaw	86
Flowering shrubs and trees	24	Chestnut-fronted ara	88
Succulents	26	Hyacinth Macaw	89
Aloe	28	Scarlet Macaw	90
Agave and Yucca	30	Eastern Rosella	91
Cacti	32	Amazonas	92
Cacti	34	Yellow-crowned Amazona	92
Cacti	36	Yellow-cheeked Amazona	93
Conservation	39	Blue-fronted Amazona	93
Birds of Palmitos Park	43	Yellow-naped or twenty-eight parakeet	94
Flamingos	44	Golden-capped conure	94
Chilean flamingo	46	Red lori	94
Red-wattled Plover	47	Cockatoos	96
Ducks	48	Leadbeater's Cockatoo Pink cockatoo	98
Shell-ducks	50	Black cockatoo Palm cockatoo	98
Mandarin Duck	52	Yellow crested cockatoo	100
Tufted Duck	53	African Grey Parrot	101
Comb Duck	54	Love Birds	102
Emperor Goose	55	Eclectus parrot	104
Geese	56	Black-mandibled toucan	105
Hawaiian Goose or Nene	58	Toucans and their relatives	106
Coscoroba Swan	59	Crimson-rumped toucanet	108
Swans	60	Guiness Toucan	110
Cranes	62	Pigeons and Foves	112
Demoiselle Crane	64	Victoria crowned Pigeon	114
Crowned Crane	65	Giant crested Pigeon	115
European Crane, common crane	66		
Swallow-Tanager	67		
Sacred Ibis	68	**Birds of the World**	
Turkeys and Guinea Fowl	70		
Helmeted Guinea Fowl	72	Blue-backed Fairy Bluebird	116
Plumed Guinea Fowl	73	Blue-necked colie or Mousebird	116
Ocellated Turkey	74	Japanese Babbler	116
Abyssinian Roller	75	Long-tailed grass finch	116
Peacock	76		

Inhaltverzeichnis

Palmitos Park	12
Eingang	14
Der Innenhof	16
Die Seen	18
Palmen	20
Natürliche Vegetation	22
Blühende Sträucher und Bäume	24
Sukkulenten	26
Aloe	28
Agave und Jukka	30
Kakteen	32
Kakteen	34
Kakteen	36
Naturschutz	40
Vögel von Palmitos Park	43
Flamingos	44
Chilenischer Flamingo	46
Indischer Kiebitz, Rotlappenkiebitz	47
Enten	48
Brandenten	50
Mandarinente	52
Reiherente	53
Höckerglazente	54
Kaisergans	55
Gänse	56
Hawaigans oder Nene	58
Coskoroba-Schwan	59
Schwäne	60
Kraniche	62
Jungfernkranich	64
Kronenkranich	65
Europäischer Kranich, gemeiner Kranich	66
Schwalbentangare	67
Heiliger Ibis	68
Truthähne und Perlhühner	70
Perlhuhn	72
Pucheran-Haubenperlhuhn, Schlichthaubenperlhuhn	73
Pfauentruthuhn	74
Abessinischer Racke	75
Pfau	76
Fasane	78
Bankivahuhn	80
Eigentliche Aras	82
Soldatenara	84
Grünflügelara	85
Blau und Gelbara	86
Rotbugara	88
Hyazinthara	89
Hellroterara	90
Rosellasittich	91
Papageien Amazonen	92
Gelbscheitelamazone	92
Gelbwangenamazone	93
Rotbugamazone	93
Kragensittich	94
Goldscheitelsittich	94
Roter Lori	94
Kakadus	96
Rosafarbener Kakadu, Inkakadu	98
Ara Kakadu Palmenkakadu	98
Gelbhaubenkakadu	100
Grauer afrikanischer papagei	101
Die Unzertrennlichen	102
Edelpapagei	104
Goldkehltukan	105
Tukane und ihre Verwandten	106
Rotburzel-grünarassari	108
Reisentukan	110
Taubchen und Turtel-tauben	112
Fächertaube	114
Kronentaube	115

Vögel der Welt

Elfenblauvogel	116
Blaunacken Mausvogel	116
Japanische Nachtigall, Sonnenvogel	116
Spitzschwanzamadine	116

Index

Palmitos Park	13
Entrée	14
Le patio	16
Les lacs	18
Palmiers	20
Végétation naturelle	22
Arbustes et arbres à fleurs	24
Plantes grasses	26
Aloe	28
Agave et Yucca	30
Cactus	32
Cactus	34
Cactus	36
Conservation	41
Oiseaux de Palmitos Park	43
Flamands	44
Flamand chilien	46
Vaeneau à rononcules rouges	47
Canards	48
Tadornes	50
Canard mandarin	52
Canard morillon	53
Sarcidiorne à crète	54
Oie Empereur	55
Oies	56
Oie hawaienne ou Nene	58
Cygne coscoroba	59
Cygnes	60
Grues	62
Demoiselle de Numidie	64
Grue couronnèe	65
Grue cendrèe	66
Tangare hirondelle	67
Ibis sacré	68
Dindons et pintades	70
Pintade	72
Pintade à huppenoir	73
Dindon ocellé	74
Rollier d'Abyssinie	75
Paon royal	76
Faisans	78
Coq bankiva	80
Aras	82
Ara militaire	84
Ara chloroptère	85
Ara blue et jaune	86
Ara sevère, ara à front chatain	88
Ara hyazinthe	89
Ara macao	90
Peruche omnicolore	91
Amazones	92
Amazone à tête jaune	92
Amazone à joue jaune	93
Amazone à front bleu	93
Peruche à collier jaune	94
Peruche a tête doré	94
Lori rouge	94
Cacatois	96
Cacatois de Leadbeater	98
Microglasse noir	98
Grande cacatois à huppe jaune	100
Perroquet cendré	101
Inséparables	102
Perroquet eclectique	104
Toucan à mandibule noire	105
Toucans et sa famille	106
Toucanet à croupion rouge	108
Toucan toco	110
Pigeons et colombes	112
Goura de Victoria	114
Goura couronée	115

Oiseaux du monde

Oiseau bleu des fées	116
Colie à collier bleu	116
Rosignol du Japon	116
Diamante à longue Queue	116

Palmitos Park

Palmitos Park, al abrigo de un hermoso valle en las montañas del sur de la isla de Gran Canaria, es uno de los poquísimos sitios en el mundo donde los bosques de pinos de las laderas montañosas descienden hasta mezclarse con un oasis de palmeras para formar un paraíso exótico y un refugio contra el ruido y bullicio de la moderna civilización.

Los creadores de Palmitos Park han traído a este destacable lugar, para ponerlas juntas, a muchas de las más exóticas y raras aves del mundo. Flamencos procedentes de Chile, araraunas del Amazonas y grullas de Africa se encuentran juntos con otras veinte especies, aproximadamente, incluyendo loros, gallinas de Guinea, periquitos y pavos reales que viven y se reproducen en completa libertad dentro del parque.

Palmeras subtropicales procedentes de sitios tan lejanos como Australia y China, se han introducido en los extraordinarios jardines donde puede encontrarse una de las más grandes colecciones de cactus y otras plantas crasas procedentes de las regiones secas del mundo.

Todas estas características se conjuntan para hacer de Palmitos Park uno de los puntos de interés de más extraordinaria belleza en las Islas Canarias, que no debe ser ignorado por cualquier visitante de Gran Canaria.

Palmitos Park

*P*almitos Park sheltering in a beautiful valley in the mountains of the South of the island of Gran Canaria is one of the very few places in the world where the pine forests of the mountain slopes reach down to mingle with an oasis of palms to form an exotic paradise and a refuge from the noise and hustle of modern civilisation.

*T*o this remarkable place the creators of Palmitos Park have brought together many of the world's most exotic and rare birds. Flamingos from Chile, Macaws from the Amazon and Cranes from Africa are found together with over twenty species including parrots, guinea-fowl, love-birds and peacocks which live and breed at complete liberty within the park.

*S*ubtropical palms from as far away as Australia and China have been introduced into the unique gardens where one of the largest collections of cacti and other succulent plants from the dry regions of the world is to be found.

*A*ll these features go together to make Palmitos Park one of the outstanding beauty spots in the Canary Islands which should not be missed by any visitor to Gran Canaria.

Palmitos Park

Palmitos Park im Schutz eines schönen Tales in den Bergen im Süden der Insel Gran Canaria ist einer der wenigen Orte der Welt, wo die Pinienwälder der Berghänge bis ins Tal herunterwachsen und sich mit einer Palmenoasis vermischen, um ein exotisches Paradies, einen Zufluchtsort vor dem Lärm und Getöse der modernen Zivilisation zu bilden.

Die Gründer von Palmitos Park haben viele der exotischsten und seltensten Vögel der Welt an diesen besonderen Ort gebracht. Da finden sich Flamingos aus Chile, einige Aras vom Amazonas und Kraniche aus Afrika zusammen mit ungefähr 20 anderen Arten einschliesslich Papageien, Perlhühner, Wellensittiche und Pfauen, die völlig frei im Park leben und sich vermehren.

Subtropische Palmen, die aus solch fernen Ländern wie Australien und China kommen, sind in die einzigartigen Gärten eingeführt worden, wo man eine der grössten Sammlungen von Kakteen und anderen Sukkulenten aus den trockenen Gegenden der Welt finden kann.

Alle diese Merkmale zusammen machen aus Palmitos Park einen der herausragend schönen Orte der Kanarischen Inseln, der von keinem Gran Canaria Besucher ausgelassen werden sollte.

Palmitos Park

*P*almitos Park, abrités dans une superbe vallée des montagnes du sud de l'île de Gran Canaria, est un des rares endroits au monde où les versants des forêts de pins descendent pour se mélanger avec un oasis de palmiers, pour former un paradis exotique et un refuge contre le bruit et l'agitation de la civilisation moderne.

C'est à cet endroit, précisement que les créateurs de Palmitos Park ont apporté plusieurs espèces des plus exotiques et rares oiseaux du monde. Flamands procédant du Chili, Aras de l'Amazone et Grues d'Afrique se trouvent réunis avec plus de 20 espèces dont des perroquets, des pintades perruches et paon royal qui vivent et se reproduisent en complète liberté dans le parc.

*D*es palmiers sub-tropicaux procédant d'endroits aussi lointain que l'Australie et la Chine, ont été introduits dans ces extraordinaires jardins, où l'on peut trouver une des plus grandes collections de cactus et d'autres plantes grasses procédant des régions sèches du monde.

*T*outes ces caractéristiques se joignent pour faire de Palmitos Park, un endroit extraordinaire que le visiteur des Iles Canaries ne peut absolument pas manquer.

Entrada * Entrance
Eingang * Entrée

     Los jardines, a cada lado de la entrada, contienen palmeras, plantas crasas, cactos y árboles tropicales con arbustos procedentes de muchas regiones del mundo. Entre los principales grupos se encuentran varias especies de *Aloe* y *Euphorbia,* cactos tales como el *Echinocactus grusonii,* varios *Agaves* mexicanos y raras especies de palmeras, así como una multitud de plantas nativas de Canarias.

* * *

     The gardens on either side of the entrance contain Palms, succulents, cacti and tropical trees and shrubs from many regions of the world. Amongst the main groups are various Aloe *and* Euphorbia *species, cacti such as* Echinocactus grusonii, *several Mexican* Agaves *and rare palm species as well as a host of native Canarian plants.*

* * *

     Die Gärten auf beiden Seiten des Eingangs enthalten Palmen, Sukkulenten, Kakteen und tropische Bäume und Sträucher aus vielen Teilen der Welt. Unter den Hauptgruppen sind viele verschiedene Arten von *Aloe* und *Euphorbia,* Kakteen wie *Echinocactus grusonii,* verschiedene mexikanische *Agaven* und seltene Palmenarten, sowie eine Vielzahl einheimischer Pflanzen der Kanarischen Inseln.

* * *

     Les jardins de chaque coté de l'entrée contiennent des palmiers, des plantes grasses, des cactus, des arbres et arbustes tropicaux provenant de plusieurs régions du monde.
     Entre les principaux groupes se trouvent plusieurs espèces de Aloe *et* Euphorbia, *cactus comme* Echinocactus grusonii, *plusieurs agaves Mexicaines et de rares espèces de palmiers, en plus d'une multitude de plantes Canariennes.*

El patio * The patio
Der Innenhof * Le patio

La entrada al Parque conduce directamente al interior del área del patio con su tienda de recuerdos. El motivo central del patio es una fuente y cascada rodeada por plantas subtropicales tales como Bromelias, Cycads, Papiros, Juncos y Crotons y, ya dentro de las charcas, lirios de agua habitados por ruidosas ranas y, ocasionalmente, patos mandarines.

* * *

The Park entrance leads directly into the patio area with its souvenir shop. The central motif of the patio is a fountain and cascade surrounded by subtropical plants such as Bromelias, Cycads, Papyrus reed and Crotons and, in the pools, Waterlilies inhabited by noisy frogs and, occasionally, Mandarin ducks.

* * *

Der Parkeingang führt direkt in den Innenhof mit seinem Souvenirladen. Das Hauptmotiv des Hofs ist ein Brunnen mit einer Kaskade, der von subtropischen Pflanzen umwachsen ist, so zum Beispiel *Bromelien, Palmfarne, Papyrus,* und *Croton.* In den Brunnenbecken schwimmen Wasserrosen, die von geräuschvollen Fröschen und gelegentlich Mandarin-Enten bewohnt sind.

* * *

L'entrée du Parc conduit directement à une cour intérieure bordée de magasins de souvenirs. Le motif central de la cour est une fontaine avec une cascade entourée de plantes subtropicales comme: Bromelias, Cycas, Papirus, et Crotons, et, dans les mares, nénuphares habitées par de bruyantes grenouilles et quelquefois des canards mandarins.

Los lagos * The lakes
Die Seen * Les lacs

Palmitos Park es un lugar muy especial en la isla de Gran Canaria, porque se trata de uno de los pocos sitios con lagos y corrientes de agua. En el parque hay cuatro lagos principales donde pueden verse patos, cisnes, gansos, flamencos y una multitud de otras aves acuáticas.

* * *

Palmitos Park is a very special place on the island of Gran Canaria because it is one of the few places with lakes and running streams. There are four main lakes in the park where ducks, swans, geese, flamingos and a host of other aquatic birds can be seen.

* * *

Der Palmitos Park ist ein besonderer Ort auf Gran Canaria, weil er einer der wenigen Orte mit Seen und fliessendem Wasser ist. Im Park befinden sich vier grosse Seen, wo man Enten, Schwäne, Gänse, Flamingos und viele andere Wasservögel sehen kann.

* * *

Palmitos Park est un endroit très spécial de l'ile de Grande Canarie, parce-que c'est un des rares endroits avec des lacs et de l'eau courante. Il y a quatre principaux lacs où l'on peut voir des canards, des cygnes, des oies, des flamands et une multitude d'autres oiseaux aquatiques.

Palmeras * Palms
Palmen * Palmiers

El nombre de Palmitos deriva de la gran cantidad de palmeras datilíferas nativas de Canarias *(Phoenix canariensis)*, que poblaban originalmente el valle. Estas han sido completamente respetadas durante el desarrollo de Palmitos Park y se han plantado muchas otras palmeras, tales como la palmera abanico *(Washingtonia robusta)*, palma reina *(Arecastrum romanzoffianum)*, palma fuente *(Livistonia chinensis)*, palmera real *(Roystonea regia)* y palma vino *(Caryota urens)*.

* * *

*T*he name Palmitos is derived from the large number of native Canarian date palms (Phoenix canariensis) *which originally inhabited the valley. During the development of Palmitos Park these have been absolutely respected and many other palms planted such as fan-palm* (Washingtonia robusta), *Queen palm* (Arecastrum rómanzoffianum), *Fountain palm* (Livistonia chinensis), *royal palm* (Roystonea regia) *and wine palm* (Caryota urens).

* * *

Der Name Palmitos Park kommt von der grossen Anzahl einheimischer Dattelpalmen *(Phoenix canariensis)*, die ursprünglich im Tal wuchsen. Diese wurden beim Ausbau des Palmitos Parks vollkommen berücksichtigt, und dazuhin wurden viele andere Palmen angepflanzt, etwa die Fächerpalme *(Washingtonia robusta)*, die Königinpalme *(Arecastrum romanzoffianum)*, Quellenpalme *(Livistonia chinensis)*, Königspalme *(Roystonea regia)* und Fischschwanzpalme *(Caryota urens)*.

* * *

*L*e nom de Palmitos vient de la grande quantité de palmiers datiles Canariens (Phoenix canariensis) *qui peuplaient originellement la vallée. Ceux-ci ont été respectés durant l'aménagement de Palmitos et on y a ajoutés plusieurs autres espèces de palmiers, comme le palmiers éventail* (Washingtonia robusta), *palmier reine* (Arecastrum romanzoffianum), *palmier fontaine* (Livistonia chinensis), *palmier de roi* (Roystonea regia) *et palmiers du vin* (Caryota urens).

Vegetacion natural * Natural vegetation
Natürliche Vegetation * Végétation naturelle

El valle de Palmitos Park es uno de los más hermosos de la isla y goza de renombre por su rica flora nativa.

Las palmeras datilíferas, pinos canarios, cardón, lavandas silvestres y rosales de las rocas encuentran su plena justificación a comienzos de la primavera después de las lluvias invernales y proveen tanto abrigo, como áreas de nidificación para las aves que vuelan libremente por el parque.

* * *

Palmitos Park valley is one of the most beautiful of the island and it is famed for its rich native flora.

The Date palms, Canary pines, Cardon, wild Lavenders and rock roses come into their own in early Spring after the winter rains and many provide shelter and nesting areas for the birds flying free in the park.

* * *

Das Palmitos Park-Tal ist eines der schönsten der Insel und ist bekannt für seine reiche einheimische Flora.

Die Dattelpalmen, Kanarischen Pinien, Kandelaber, der wilde Lavendel und die Felsenrosen sind zu Frühlingsanfang am schönsten, nach dem Winterregen, und bieten Schutz und Nistmöglichkeiten für die im Park freifliegenden Vögel.

* * *

La vallée de Palmitos Park est une des plus belles de l'île et est renommée pour sa riche flore naturelle.

Les palmiers datiles, les pins canariens, cardon, lavandes sylvestres, et les roses de rochers poussent seuls au début du printemps après les pluies de l'hiver, et procurent des abris et des endroits pour les nids des oiseaux qui volent librement dans le parc.

Arbustos y árboles floridos
Flowering shrubs and trees
Blühende Sträucher und Bäume
Arbustes et arbres à fleurs

El hospitalario clima de Gran Canaria permite medrar a una multitud de floridos árboles y arbustos, muchos de los cuales pueden contemplarse en Palmitos Park.

Entre los más espectaculares están las bougainvillas rosadas y rojas, el tulipero africano, el falso pimentero, el naranjero exóticamente perfumado y otros árboles cítricos se desparraman por todo el parque.

* * *

The hospitable climate of Gran Canaria allows a multitude of flowering trees and shrubs to thrive and many of these are to be found in Palmitos Park.

Amongst the most spectacular are the pink and red Bougainvilleas, the African tulip tree, False pepper and the exotically perfumed Orange and other citrus trees scattered throughout the park.

* * *

Das gastfreundliche Klima Gran Canarias lässt eine Vielzahl blühender Bäume und Sträucher gedeihen, von denen Sie viele im Palmitos Park bewundern können. Zu den sehenswertesten gehören die rosafarbenen und roten Bougainvillea, der afrikanische Tulpenstrauch, der Mastixbaum, der exotisch duftende Orangenbaum und andere Zitrusbäume, die sich im ganzen Park verstreut finden.

* * *

Le climat hospitalier de Gran Canaria permet à une multitude d'arbres et d'arbustes à fleurs de prospérer, la plupart se trouve à Palmitos Park.

Entre les plus spectaculaires se trouvent les Bougainvilliers roses et rouges, le tulipier africain, le faux poivrier et l'oranger exotique parfumé et d'autres arbres citriques se dispersent dans le parc.

Plantas crasas * Succulents
Sukkulenten * Plantes grasses

Varias de las crasas más espectaculares vienen de las áreas semidesérticas de Africa, siendo extraordinariamente ricas las regiones del Cabo y Namibia. Entre los más importantes grupos están las *Euphorbias* algunas de las cuales rivalizan con los saguaros y *Pachycereus* como gigantes del seco paisaje.

* * *

Some of the most spectacular succulents come from the semi-desert areas of Africa, the Cape region and Namibia being remarkably rich. Amongst the most important groups are the Euphorbias *some of which rival the saguaros and* Pachycereus *as giants in the dry landscape.*

* * *

Einige der aussergewöhnlichsten Sukkulenten sind aus den halbwüstenartigen Gegenden Afrikas, und besonders reich an Sukkulenten ist das Kap und Namibia. Unter den wichtigsten Gruppen finden sich die *Euphorbias,* von denen einige den saguaros und *Pachycereus* als Riesen in der trockenen Landschaft Konkurrenz machen.

* * *

Plusieurs des plantes grasses les plus spectaculaires viennent des régions semi-désertiques d'Afrique, surtout des régions du Cap et Namibia. Entre les plus importants du groupe se trouvent les Euphorbias *quelques-unes rivalisent avec les saguaros et* Pachycereus *comme géant dans ce paysage sec.*

Aloe

El *Aloe*, que cuenta con más de doscientas especies, es uno de los grupos más importantes de plantas crasas en Africa. Se extiende desde la península del Cabo hacia el norte, a través de las tierras altas del Africa oriental, hasta alcanzar la Arabia meridional. Otras especies también se encuentran en las islas del Océano Indico, de Madagascar y Socotora.

* * *

Aloe with more than two hundred species is one of the most important groups of succulents in Africa. It extends from the Cape peninsula northwards through the highlands of East Africa to Southern Arabia. Other species also occur on the Indian Ocean islands of Madagascar and Socotra.

* * *

Die *Aloe* mit mehr als zweihundert Arten ist eine der bedeutendsten Gruppen von Sukkulenten in Afrika. Sie dehnt sich von der Spitze der Kaphalbinsel nordwärts durch die Hochländer Ostafrikas bis nach Südarabien aus. Andere Arten finden sich auch auf den Inseln des Indischen Ozeans Madagaskar und Sokotra.

* * *

L'aloe qui compte plus de deux cents espèces, est un des groupes les plus importants de plantes grasses d'Afrique. Il s'étend de la péninsule du Cap jusqu'au nord à travers des terres hautes d'Afrique orientale et jusqu'en Arabie méridionale. D'autres espèces se trouvent aussi dans les îles de l'Océan Indien de Madagascar et Socotra.

Agave y Yucca * Agave and Yucca
Agave und Jukka * Agave et Yucca

Entre las plantas crasas americanas mejor conocidas están el sisal o plantas seculares *(Agave)* y las Bayonetas españolas *(Yucca)*. Ambos géneros están ampliamente repartidos por las zonas meridionales de los Estados Unidos de América, México y el Caribe, y Palmitos Park presenta muchas de las más destacables especies.

* * *

Amongst the best known American succulents are the sisal or century plants (Agave) *and the Spanish Bayonets or Palm Lilies* (Yucca). *Both these genera are widespread in the Southern United States, Mexico and the Caribbean and Palmitos Park features many of the most remarkable species.*

* * *

Zu den bekanntesten amerikanischen Sukkulenten gehören der Sisal oder die Jahrhundertpflanzen *(Agave)* und die Spanischen Bajonette oder Palmlilien *(Yucca)*. Diese beiden Arten sind weit verbreitet in den Südstaaten der USA, Mexiko und der Karibik, und Palmitos Park zeigt viele der aussergewöhnlichsten Arten.

* * *

Parmi les plantes grasses américaines les plus connues se trouvent le sisal ou centenier (agaves) *et les Baionnettes espagnoles ou lis-palmier* (yucca). *Toutes les deux sont réparties au sud des Etats Unis, Mexique et les Caraibes. Palmitos Park présente plusieurs des espèces les plus remarquables.*

Cactos * Cacti
Kakteen * Cactus

    Palmitos Park posee una de las mejores colecciones en las islas Canarias de grandes especímenes de cactos, que cuentan como uno de los motivos más fotogénicos del parque. Todos los cactos proceden originariamente del continente americano, especialmente de las regiones meridionales, semidesérticas, de los Estados Unidos de América, México, Chile y Argentina.

* * *

    Palmitos Park has one of the best collections of large, specimen cacti in the Canary Islands and are amongst the most photogenic subjects in the park. All the cacti are originally from the American continent especially from the semi-desert regions of the Southern United States, Mexico, Chile and Argentina.

* * *

    Palmitos Park besitzt eine der besten Sammlungen grosser Kaktus exemplare der Kanarischen Inseln und gehört zu den fotogensten Motiven des Parks. Alle Kakteen stammen ursprünglich vom amerikanischen Kontinent, besonders aus den halbwüstenartigen Gebieten der Südstaaten der USA, Mexiko, Chile und Argentinien.

* * *

    Palmitos Park possède une des meilleures collections de cactus des Iles Canaries, et c'est un des sujets les plus photogéniques du parc. Tous les cactus sont originaires du continent americain, specialement des régions semi-désertiques du sud des Etats Unis, Mexique, Chili et Argentine.

Cactos * Cacti
Kakteen * Cactus

El *Mammillaria*, procedente de la zona meridional de los Estados Unidos de América y México, es el más voluminoso género de cactos con cerca de doscientas especies. Las *Mammillarias* son pequeñas plantas atractivas que gustan mucho a los coleccionistas.

Los *Echinocereus*, también provenientes de México y los meridionales Estados Unidos (Colorado, Texas, Arizona) contienen algunas de las más bellas especies de cactos con floración prolífica.

* * *

Mammillaria, from the Southern USA and Mexico is the biggest Cactus genus with over two hundred species. Mammillarias *are small, attractive plants much loved by collectors.*

Echinocereus also from Mexico and the Southern States (Colorado, Texas, Arizona) contains some of the most beautiful and prolific flowering cactus species.

* * *

Mammillaria aus den Südstaaten der USA und Mexiko ist die zahlreichste Kaktusart mit fast zweihundert Arten. Die *Mammillarias* sind kleine attraktive Pflanzen, die den Sammlern sehr gefallen. *Echinocereus,* die auch aus Mexiko und den Südstaaten der USA kommen (Colorado, Texas, Arizonas) enthalten einige der schönsten Kaktusarten mit fruchtbarer Blüte.

* * *

Le Mammillaria, *provenant du sud des Etats Unis et de Mexico est le plus grand genre de cactus avec plus de deux cents espéces. Les* Mammillarias *sont des petites plantes attractives qui plaisent beaucoup aux collectionneurs.*

Les Echinocereus, *aussi du Mexique et du sud des Etats Unis (Colorado, Texas, Arizona) sont une des plus belles et plus prolifiques espèces de cactus.*

Cactos * Cacti
Kakteen * Cactus

El *Trichocereus grandiflorus* de floración rosada, cuando está en flor, es uno de los cactos más bellos. Mucho más curioso es el de canoso pelo *Cleistocactus straussii* con flores de color naranja-rojizo. El gigantesco *Pachycereus pringlei,* que viene del desierto de Sonora, es una de las características del paisaje mexicano, y el *Ferocactus wislizenii* de la misma región, crece hasta alcanzar 2 m. de altura.

* * *

The pink-flowered Trichocereus grandiflorus *is, when in flower one of the most beautiful cacti. Rather more strange is the white hairy* Cleistocactus straussii *with orange-red flowers. The giant* Pachycereus pringlei *from the Sonora Desert is a feature of the Mexican landscape and* Ferocactus wislizenii *from the same region grows to 2 metres tall.*

* * *

Ttrichocereus grandiflorus mit rosafarbener Blüte ist, wenn er blüht, einer der schönsten Kakteen. Weit seltsamer ist der weisshaarige *Cleistocactus straussii* mit orange-roten Blüten.
Der riesige *Pachycereus pringlei* aus der Sonorawüste ist eines der Charakteristika der mexikanischen Landschaft und der *Ferocactus wislizenii* aus derselben Gegend wird bis zwei Meter hoch.

* * *

Le Trichocereus grandiflorus *de floraison rose est un des cactus les plus beau. Plus curieux est le cactus à cheveux blancs* Cleistocactus straussii *avec ses fleurs oranges-rouges. Le géant* Pachycereus pringlei *qui vient du désert de Sonore est une des caractéristiques du paisage Mexicain et le* Ferocactus wislizenii *de la même région, peut attiendre 2 mètres de hauteur.*

Conservación

Cada día cientos —si no miles— de hectáreas de los hábitat naturales del mundo son destruidas por las actividades del Hombre.

Vastas extensiones de selva tropical se talan para producir madera y celulosa; la expansión urbana y la agricultura en expansión en los bordes de áreas semisérticas, son factores que cuentan para provocar la desaparición de áreas naturales bajo el tractor o el cemento y asfalto. Con tales actividades el Hombre muestra escasa consideración hacia las criaturas próximas, por lo que muchas especies de animales y pájaros han sido impelidas hasta el punto de extinción.

Algunas especies se han podido salvar mediante el establecimiento en sus hábitat originarios de reservas de naturaleza y parques naturales, pero para otras el único método para asegurar su supervivencia ha sido conservándolas dentro de jardines zoológicos en parques, tales como Palmitos Park y estimulando programas de reproducción para incrementar su número.

Hay ya varias historias que contar con éxito, por ejemplo, el nene o ganso hawaiano, que se salvó por reproducción en cautividad, y en la actualidad, se reproduce en Palmitos Park, tal como lo hace la cacatúa blanca y felizmente, la paloma coronada de Victoria.

Conservation

*E*very single day hundreds, if not thousands, of hectares of the world's natural habitats are destroyed by the activities of Man.

*H*uge areas of tropical forest are cut down for timber and cellulose and urban sprawl and expanding agriculture accounts for the disappearance of natural areas beneath the tractor or cement and asphalt on the margins of semi-desert areas. In such activities Man shows little consideration for his fellow creatures and many species of animals and birds have been driven to the point of extinction.

*S*ome can be saved by the setting up of nature reserves and natural parks in their native habitats but for others the only means of ensuring their survival is by maintaining them in zoological gardens in parks such as Palmitos Park and encouraging breeding programmes to increase their numbers.

*T*here are already a number of success stories, the nene or Hawaiian Goose which was saved by captive breeding and, indeed, breeds in Palmitos Park as does the white cockatoo and hopefully the Victoria Crowned Pigeon.

Naturschutz

Jeden Tag werden auf der Welt Hunderte, wenn nicht Tausende Hektar natürlichen Lebensraums durch die Aktivitäten der Menschen zerstört.

Weite Flächen tropischen Waldes werden gehauen, um Holz und Zellulose herzustellen, die Ausweitung der Städte und der Landwirtschaft bis an die Grenzen halbwüstenartiger Gegenden sind Faktoren, die zum Verschwinden von Naturgebieten unter Traktor oder Zement und Asphalt beitragen. Bei solchen Aktivitäten nimmt der Mensch wenig Rücksicht auf die anderen Mitgeschöpfe, weswegen viele Tier und Vogelarten von der Ausrottung bedroht sind.

Einige konnten durch die Einrichtung von Naturreservaten und Naturparks in ihrem natürlichen Lebensraum gerettet werden, aber für andere besteht die einzige Möglichkeit des Überlebens in Zoologischen Gärten, in Parks wie Palmitos, wo mit Fortpflanzungs programmen die Steigerung ihrer Anzahl angeregt wird.

Es gibt schon eine Reihe von Erfolgen, zum Beispiel die «nene» oder Hawaigans, die durch Vermehrung in der Gefangenschaft gerettet wurde, so wie der weisse Kakadu und glücklicherweise die Fächertaube.

Conservation

  *C*haque jour des centaines, plutôt milles, hectares d'endroits naturels du monde sont détruits par les activités de l'homme.

  *D*e vastes extensions de forêts tropicales sont utilisées pour produire du bois et de la cellulose, l'expansion urbaine et l'agriculture sur les bords des régions semi-désertiques provoquent la disparition des régions naturelles sous le tracteur, le ciment et l'asfalte. Avec de telles activités, l'homme a peu de considération pour les animaux, et, plusieurs espéces sont en voie d'extinction.

  *C*ertaines espéces peuvent être sauvées grâce à l'établissement de réserves naturelles, mais pour d'autres, le seul moyen de s'assurer de leur supervivance est de les conserver dans des jardins zoologiques ou dans des parcs comme Palmitos Park et stimuler leur programme de reproduction pour augmenter leur nombre.

  *I*l y a plusieurs d'anecdotes réussies, par exemple, celle du Nene ou oie Hawaieenne qui a été sauvée par reproduction en captivité et, qui, actuellement, se reproduit a Palmitos Park, comme se reproduit le Cackatoo blanc, et le Pigeon-couroné Victoria.

Pájaros de Palmitos Park
Birds of Palmitos Park
Vögel von Palmitos Park
Oiseaux de Palmitos Park

Flamencos * Flamingos
Flamingos * Flamands

      Uno de los rasgos más espectaculares de Palmitos Park es el lago de los flamencos. Aquí se encuentran hermosos ejemplares del flamenco chileno que procede de los remotos lagos de los elevados Andes. Difiere de los flamencos africanos por sus patas verdes con rojas rodillas. Los flamencos se alimentan filtrando minúsculas algas del agua.

* * *

      One of the most spectacular features of Palmitos Park is the flamingo lake. Here one finds fine specimens of the Chilean flamingo which comes from the remote lakes of the high Andes. It is distinct from the African flamingos because of its green legs with red knees. Flamingos feed by filtering minute algae from the water.

* * *

      Eine der spektakulärsten Sehenswürdigkeiten von Palmitos Park ist der Flamingosee. Hier finden sich herrliche Exemplare des Chilenischen Flamingos, der aus den entlegenen Seen der hohen Anden stammt. Er unterscheidet sich von den afrikanischen Flamingos durch seine grünen Beine mit roten Knien. Flamingos ernähren sich, indem sie winzige Algen aus dem Wasser filtern.

* * *

      Un des attraits les plus spectaculaires de Palmitos Park est le lac des Flamands. Ici, l'on peut trouver de beaux exemplaires du Flamand Chilien qui procède des lacs élevés des Andes. Il différe du Flamand Africain par ses pattes vertes avec des genoux rouges. Les Flamands se nourrissent en filtrant les minuscules algues de l'eau.

Phoenicopteris ruber chilensis

Flamenco chileno

América del sur.

Chilean flamingo

South America.

*

Chilenischer Flamingo

Südamerika.

Flamand chilien

Amerique du Sud.

Lobivanellus indicus

Avefría India

De Mesopotamia a Indochina.

Red-wattled Plover

Mesopotamia to Indochina.

Indischer Kiebitz, Rotlappenkiebitz

Von Mesopotamien bis Indochina.

Vanneau à rononcules rouges

De Mesopotamie à Indochine.

Patos * Ducks
Enten * Canards

Los patos y sus próximos parientes (Anatinae) son una de las más prósperas familias de aves que se extienden desde los trópicos a las más frías regiones árticas. En Palmitos Park más de 20 especies están en libertad para alimentarse y reproducirse entre los lagos y la vegetación, y entre ellas algunas de las más destacables son los patos mandarines, tarros y patos de casco.

* * *

The ducks and their relatives (Anatinae) are one of the most successful of bird families extending from the tropics to the coldest arctic regions. In Palmitos Park more than 20 species are free to feed and to breed amongst the lakes and vegetation and some of the most notable are the Mandarins, shell-ducks and comb ducks.

* * *

Die Enten und ihre nächsten Verwandten (Anatinae) sind eine der unempfindlichsten Vogelfamilien, die überall gedeihen, sie sin von den Tropen bis in die kältesten arktischen Gegenden verbreitet. In Palmitos Park leben mehr als zwanzig Arten frei, wo sie sich zwischen den Seen und der Vegetation ernähren und fortpflanzen. Einige der nennenswertesten sind die Mandarinente, Brandenten und Höckerglazenten.

* * *

Les canards et leurs espèces (Anatinae) est une des familles les plus prospères d'oiseaux et s'étend des tropiques aux plus froides régions artiques. A Palmitos Park, il y a plus de 20 espèces qui se nourrissent et se reproduisent en liberté dans les lacs et la végétation, et, parmi celles-ci se trouvent les canards mandarins, tadornes et sarcidiorne à crète.

Tarros * Shell-ducks
Brandenten * Tadornes

Los tarros son un grupo de patos bastante grandes ampliamente extendido. El tarro blanco euroasiático *Tadorna tadorna*, con su rojo pico, es propio de las marismas de Europa y el sudoeste de Asia, en tanto que el tarro de cabeza blanca *Tadorna radjah* con su blanca cabeza y pico es de Australia.

* * *

The shell-ducks are a widespread group of rather large ducks. The Eurasian shellduck Tadorna tadorna *with its red bill is from the coastal marshes of Europe and South West Asia and the White-headed shell duck* Tadorna radjah *with a white head and bill is from Australia.*

* * *

Die Brandenten sind eine weitverbreitete Gruppe ziemlich großer Enten. Die eurasische Brandente *Tadorna tadorna* mit ihrem roten Schnabel stammt aus den Küstensümpfen Europas und Südwestasien, und die weißköpfige Radschahente *Tadorna radjah* kommt aus Australien.

* * *

Les tadornes sont un groupe de canards assez grands. Le tadorne euro-asiatique Tadorna tadorna *avec son bec rouge est originaire des côtes d'Europe et du sud-ouest asiatique, tandis que le tadorne radjah* Tadorna radjah *avec sa tête et son bec blanc vient d'Australie.*

Aix galericulata

Pato mandarín

China.

Mandarin Duck

China.

Mandarinente

China.

Canard mandarin

Chine.

Aythya fuligula

Porrón menudo

Europa.

Tufted Duck

Europe.

Reiherente

Europa.

Canard morillon

Europe.

Sarkidiornis melanotis

Pato de casco
Africa del sur y central, la India, Birmania, Thailandia.

Comb Duck
South and Central Africa, India, Burma, Siam.

Höckerglazente
Süd- und Zentralafrika, Indien, Birma, Thailand.

Sarcidiorne à crète
Afrique du Sud et Centrale, l'Inde, Birmanie, Thailande.

Philacte canagica

Ansar Emperador

Alaska y Siberia oriental.

Emperor Goose

Alaska and Eastern Siberia.

Kaisergans

Alaska und Westsibirien.

Oie Empereur

Alaska et Siberie Orientale.

Gansos * Geese
Gänse * Oies

    Los gansos forman parte de la familia de las Anátidas junto con la mayoría de los patos y pertenecen principalmente al hemisferio septentrional. En Palmitos Park hay varias especies en libertad, y algunas se reproducen entre las rocas y vegetación al borde de los lagos. De éstos los más grandes e interesantes son el ganso hawaiano, el ansar nival y el ganso emperador.

* * *

    The Geese form part of the Anatidae family along with most of the ducks and are principally from the Northern Hemisphere. In Palmitos Park various species are free and some breed amongst the lakeside vegetation and rocks. The largest and most interesting of these are the Hawaiian Goose, the Snow Goose and the Emperor Goose.

* * *

    Die Gänse gehören, ebenso wie die meisten Enten, zur Familie der Anatidae und stammen hauptsächlich aus der nördlichen Hemispähre. In Palmitos Park leben mehrere Arten frei, und einige pflanzen sich zwischen den Felsen und der Vegetation am Rand der Seen fort. Die größten und interessantesten sind die Hawaigans, die Schneegans und die Kaisergans.

* * *

    Les oies font partie de la famille des Anatidae comme la plupart des canards et sont principalement de l'hémisphere nord. A Palmitos Park plusieurs espèces sont libres et se reproduisent dans le lac, la végétation et les rochers. Les plus grandes et les plus intérèssantes sont: l'oie hawaienne, l'oie des neiges et l'oie Empereur.

Branta sandvicensis

Ganso hawaiano o Nene * Hawaiian Goose or Nene

Hawaigans oder Nene * Oie hawaienne ou Nene

Especie extremadamente rara que estuvo en peligro de extinción hasta hace muy poco, el Nene es endémico de Hawai, isla del Pacífico, en donde quedó reducido a sólo unos 50 individuos. Reproduciéndose en cautividad en diversos sitios, especialmente en Slimbridge (Inglaterra) se ha salvado la especie, y actualmente también se reproduce en Palmitos Park.

* * *

An extremely rare species which was until very recently in danger of extinction, the Nene is endemic to the Pacific Islands of Hawaii, where it was reduced to about 50 individuals. Breeding in captivity in various places especially Slimbridge in England has saved the species and it now breeds in Palmitos Park.

* * *

Eine äußerst seltene Art, die bis vor kurzem vom Aussterben bedroht war, die Nene, ist auf der Pazifikinsel Hawai

Coscoroba coscoroba

Cisne coscoroba América del sur.	**Coscoroba Swan** South America.
Coskoroba -Schwan Südamerika.	**Cygne coscoroba** Amerique du Sud.

heimisch, wo sie auf cirka 50 Exemplare reduziert wurde. Durch Fortpflanzung in der Gefangenschaft an verschiedenen Orten, besonders in Slimbridge (England), konnte die Art gerettet werden, und zur Zeit vermehrt sie sich auch im Palmitos Park.

* * *

*E*st une espèce extrèmement rare qui a failli être en voie d'extinction, le nene est originaire d'Hawai, île du Pacifique, où il en reste une cinquantaine. Il se reproduit en captivité dans plusieurs endroits, surtout à Slimbridge (Angleterre) et maintenant aussi à Palmitos.

Cisnes * Swans
Schwäne * Cygnes

Los cisnes (Anserini) están entre las más decorativas y elegantes aves del mundo. El cisne negro *Cygnus atratus* es propio de Australia meridional y Tasmania, donde todavía resulta muy corriente, en tanto que el bonito cisne de pescuezo negro *Cygnus melanocoryphus,* que es ligeramente más pequeño, viene de Sudamérica, donde se encuentra desde la Pampa hasta la Patagonia, e incluso en las islas Malvinas.

* * *

The Swans (Anserini) are amongst the World's most decorative and elegant birds. The black Swan Cygnus atratus *is from Southern Australia and Tasmania where it is still quite common and the beautiful Black-necked Swan* Cygnus melanocoryphus, *which is slightly smaller, comes from South America where it occurs from the Pampas to Patagonia and in the Falkland Islands.*

* * *

Die Schwäne (Anserini) gehören zu den dekorativsten und elegantesten Vögeln der Welt. Der schwarze Schwan *Cygnus atratus* stammt aus Südaustralien und Tasmania, wo er immer noch sehr verbreitet ist, während der schöne Schwarzhalsschwan, etwas kleinere Schwan *Cygnus melanocoryphus* aus Südamerika kommt, wo er von der Pampa bis Patagonien einschließlich den Feuerinseln zu finden ist.

* * *

Les cygnes (Anserini) sont les oiseaux les plus décoratifs et les plus élégants du monde. Le cygne noir Cygnus atratus *est originaire d'Australie méridionale et de Tasmanie où il est encore très commun, et le beau cygne cou-noir* Cygnus melanocoryphus, *qui est légerement plus petit vient d'Amérique du Sud, où on peut le rencontrer depuis la Pampa jusqu'à la Patagonie, mème aux îles Falklands.*

Grullas * Cranes
Kraniche * Grues

Uno de los más bellos y elegantes grupos de aves sobre la tierra son las grullas *(Gruidae)*, que desgraciadamente se van volviendo muy raras a causa del avance de la civilización. Viven y se reproducen en marismas silvestres, y emigran a largas distancias para pasar el invierno. En Palmitos Park se encuentran tres especies.

* * *

One of the most beautiful and elegant groups of birds on earth, the Cranes **(Gruidae)** *are unfortunately becoming very rare due to the advance of civilization. They live and breed in marshy wildernesses and migrate over large distances for over wintering. Three species are found in Palmitos Park.*

* * *

Eine der schönsten und elegantesten Vogelgruppen auf der Erde sind die Kraniche *(Gruidae)*, die leider aufgrund des Fortschreitens der Zivilisation immer seltener werden. Sie leben und vermehren sich in wildem sumpfigem Küstenland und ziehen zum Überwintern weit weg. Im Palmitos Park finden sich drei Arten.

* * *

Un des groupes les plus beaux et les plus élégants sur la terre, est celui des grues, qui malheureusement se fait très rare à cause de la civilisation. Elles vivent et se reproduisent dans les marais et émigrent de longues distances pour passer l'hiver. A Palmitos Park se trouvent trois espèces.

Anthropoides virgo

Grulla Damisela

En Asia hacia el mar Negro, norte de Africa, Oriente medio, la India. En ningún sitio es muy común.

Demoiselle crane

Asia to the Black Sea, North Africa, the Middle East, India. Nowhere very common.

*

Jungfernkranich

In Asien bis zum Schwarzen Meer, Nordafrika, Mittlerer Orient, Indien. Nirgendwo ist er sehr verbreitet.

Demoiselle de Numidie

En Asie jusqu'à la Mer Noire, Afrique du Nord, Moyen-Orient, Inde. Dans aucun endroit, il est très commun.

Balearica pavonina

Grulla coronada

Africa, al sur del desierto del Sahara.
La demostración cortesana de esta grulla ha sido motivo de inspiración para muchas danzas rituales entre las tribus africanas.

Crowned Crane

Africa, South of the Sahara Desert. The courtship display of this crane has inspired many ritualized dances amongst African tribes.

Kronenkranich

Afrika, im Süden der Saharawüste. Die höfische Zeremonie dieses Kranichs hat viele rituale Tänze der afrikanischen Stämme inspiriert.

Grue couronnée

Afrique, sud du désert du Sahara. Beaucoup de danses rituelles dans les tribus Africaines ont été inspirées par le spectacle des grues faisant leur cour.

Grus grus

Grulla común

Europa, Asia, norte de Africa, reproduciéndose principalmente en el norte de Europa.

European Crane, common crane

Europe, Asia, North Africa, breeding mainly in Northern Europe.

Europäischer Kranich, gemeiner Kranich

Europa, Asien, Nordafrika. Er vermehrt sich hauptsächlich in Nordeuropa.

Grue cendrée

Europe, Asie, Afrique su Nord, se reproduit principalement dans le nord de l'Erurope.

Cyanocorax yncas

Arrenajo Verde

Regiones selváticas de América, desde Texas hasta Perú, Colombia y Bolivia.

Green Jay

Forested regions of Central America from Texas to Peru, Colombia and Bolivia.

Peru-Grünhäher

Urwaldgebiete Zentralamerikas von Texas bis Peru, Colombien und Bolivien.

Geai Verte

Regions sauvages d'Amerique despuis Texas jusqu'en Peru, Colombia et Bolivia.

Threskornis aethiopica

Ibis sagrado

Sacred Ibis

Heiliger Ibis

Ibis sacré

Los antiguos egipcios consideraban al Ibis sagrado una reencarnación del dios Toth que fue representado en los jeroglíficos como un hombre con cabeza de ibis. También se empleó en la decoración de tumbas, y se han encontrado muchos ibis momificados en cámaras mortuorias. Actualmente está extinguido en Egipto, pero todavía se encuentra en Africa, al sur del Sahara y en el Oriente medio.

* * *

The Sacred Ibis was considered, by the Ancient Egyptians to be a reincarnation of the god Thoth and was represented as an Ibis-headed Man in hieroglyphics. It was also used in Tomb decoration and many mummified ibises have been found in burial chambers. It is now extinct in Egypt but is still found in Africa, South of Sahara and the Middle East.

* * *

Die alten Ägypter sahen im Heiligen Ibus eine Reinkarnation des Gottes Thoth, der in den Hieroglyphen als ein Mann mit Ibiskopf dargestellt wurde. Dieser wurde auch für Grabdekorationen verwendet, und viele mumifizierte Ibies wurden in Grabkammern gefunden. In Ägypten ist das heute zu Ende, kann aber immer noch in Afrika, in der Südsahara und dem Mittleren Orient gefunden werden.

* * *

L'Ibis Sacré etait considéré par les anciens Egyptiens la réincarnation du dieu Thoth et a été représenté dans les hieroglifes comme un homme à tête d'ibis. Il a aussi été utilisé comme décoration de tombes et on en a retrouvé plusieurs momifiés dans les chambres mortuaires. Actuellement, il est en voie d'extinction en Egypte, mais, on le trouve encore en Afrique, au sud du Sahara et au Moyen-Orient.

Pavos y gallinas de Guinea
Turkeys and Guinea Fowl
Truthähne und Perlhühner
Dindons et pintades

La gallina de Guinea (Numididae) se encuentra en estado salvaje únicamente en Africa, al sur del Sahara y en la isla de Madagascar. La gallina de Guinea faraona, antepasada de la forma domesticada, vaga libre en pequeñas bandadas y se reproduce con regularidad en Palmitos Park. El pavo ocelado también se encuentra en el parque y es una rara especie que procede de la América central.

* * *

Guinea fowl (Numididae) are found wild only in Africa South of the Sahara and on the island of Madagascar. The Helmeted Guinea Fowl, the ancestor of the domesticated form, roams free in small flocks and breeds regulary in Palmitos Park. The ocellated turkey is also found in the park, it is a rare species from Central America.

* * *

Das Perlhunn (Numididae) findet sich wild nur in Afrika im Süden der Sahara und auf der Insel Madagaskar. Das Perlhuhn *Faraona*, der Vorläufer der domestizierten Art, streicht frei in kleinen Banden herum und brütet regelmäßig in Palmitos Park. Auch der Pfauentruthuhn findet sich im Park und ist eine seltene Art, die aus Zentralamerika stammt.

* * *

La pintade (Numididae) se trouve à l'état sauvage uniquement en Afrique, au sud du Sahara et à l'île de Madagascar. La pintade l'ancètre de la pintade domestique, est libre et se reproduit régulierement à Palmitos Park. Le dindon ocellé s'y trouve aussi et est une des rares espèces qui vient d'Amérique Centrale.

Numidia meleagris

Gallina faraona

Regiones de sabana en Africa, al sur del desierto del Sahara.

Helmeted Guinea Fowl

Savana regions of Africa, South of the Sahara Desert.

Perlhuhn

Savannengebiete Afrikas, im Süden der Saharawüste.

Pintade

Regions de la savane en Afrique, au sud du désert du Sahara.

Guttera plumifera

Gallina de Guinea o faraona plumada

Africa del este.

Plumed Guinea Fowl

East Africa.

Pucheran-Haubenperlhuhn, Schlichthauben-perlhuhn

Ostafrika.

Pintade à huppe noir

Afrique orientale.

Agriocharis ocellata

Pavo ocelado

Una especie en decadencia procedente de América central, Honduras, Guatemala, Yucatán.

Ocellated Turkey

A declining species from Central America, Honduras, Guatemala, Yucatan.

Pfauentruthuhn

Eine aussterbende Art aus Zentralamerika, Honduras, Guatemala, Yucatan.

Dindon ocellé

Une espèce en décadence provenant d'Amérique Centrale, Honduras, Guatemala, Yucatan.

Coracias abyssinica

Carraca de Abisinia

Africa oriental, Etiopía, Somalia.

Abyssinian Roller

East Africa, Ethiopia, Somalia.

Abessinischer Racke

Ostafrika, Äthiopien, Somalia.

Rollier d'Abyssinie

Afrique Orientale, Ethiopie, Somalie.

Pavo cristatus

Pavo real * Peacock
Pfau * Paon royal

Sobre un centenar de pavos reales vagan libres por Palmitos Park, y a finales de la primavera constituyen una fascinante visión acompañados por sus pequeños pollos. Proceden, originalmente, de los campos abiertos del subcontinente Indio. Estas aves machos usan sus espléndidas plumas de la cola en su conocidísima exhibición cortesana. El parque también cuenta con varias aves albinas de color blanco puro.

* * *

Over one hundred peacocks (and peahens) wander free in Palmitos Park and are a fascinating sight accompanied by their small chicks in late Spring. They are originally from open country in the Indian Subcontinent. The cock bird uses its magnificent tail feathers in its well-known courtship display. The park also has several pure white albino birds.

* * *

Über hundert Pfaue streichen frei in Palmitos Park herum, und zu Frühjahrsende sind sie eine faszinierende Erscheinung begleitet von ihren kleinen Küken. Ursprünglich stammen sie aus dem offenen Land des indischen Subkontinents. Diese männlichen Vögel benutzen ihre wunderbaren Schwanzfedern für ihre wohlbekannte höfische Zeremonie (Balzverhalten). Im Park finden sich auch einige reinweiße Albino-Vögel.

* * *

Une centaine de paons vagabondent librement à Palmitos Park et sont un espectacle fascinant à la fin du Printemps quand ils sont accompagnés de leurs petits. Ils sont originaires des campagnes du continent Indien. Pour faire la cour, les mâles utilisent les splendides plumes de leur queue. Palmitos Park abrite aussi quelques variétés d'albinos dont la couleur est d'un blanc pur.

Faisanes * Pheasants
Fasane * Faisans

Grupo de aves de brillante colorido, los faisanes originalmente son asiáticos y proceden en particular de los bordes de la región himalaya. No obstante, han sido introducidas en muchas partes del mundo como aves de recreo o simplemente para usos ornamentales como adorno. Entre los más hermosos figuran el faisán dorado y el faisán siamés de dorso de fuego *(Lophura diardi).* Varias especies recorren libremente el parque.

* * *

A group of brightly coloured birds the pheasants are originally Asian and come especially from the edges of the Himalayan region. They have, however, been introduced into many parts of the World as game birds or simply for ornamental purposes. Amongst the most beautiful are the golden pheasant and the Siamese fire-back (Lophura diardi). *Several species roam free in the park.*

* * *

Die Fasane, eine Vogelgruppe mit leuchtenden Farben, sind asiatischen Ursprungs und kommen besonders an den Rändern des Himalayagebirges vor. Trotzdem sind sie in viele Teile der Welt als Spielgefährte oder einfach als Ziervögel eingeführt worden. Unter den schönsten befinden sich der Goldfasan und der siamesische Prälatfasan *(Lophura diardi).* Mehrere Arten bewegen sich frei im Park.

* * *

Groupe d'oiseaux de couleurs brillantes, les faisans sont originaires d'Asie et viennent specialement des bords de la région de l'Himalaya. Ils ont, cependant, été introduits dans plusieurs parties du monde comme oiseaux ornementaux. Parmi les plus beaux se trouvent le faisan doré et le siamois faisan prélat (Lophura diardi). *Plusieurs especès sont libres dans le parc.*

Gallus Gallus

Gallo bankiva

Norte de India hasta Java e Indochina.
Esta es la forma salvaje del pollo doméstico *(Gallus domesticus)*.

Junglefowl

Northern India to Java and Indochina.
This is the wild form of the domestic chicken *(Gallus domesticus)*.

Bankivahuhn

Nordindien bis Java und Indochina.
Das ist die wildeste Art des Haushahns *(Gallus domesticus)*.

Coq bankiva

Nord de l'Inde jusqu'à Java et Indochine.
C'est la forme sauvage du poulet domestique *(Gallus domesticus)*.

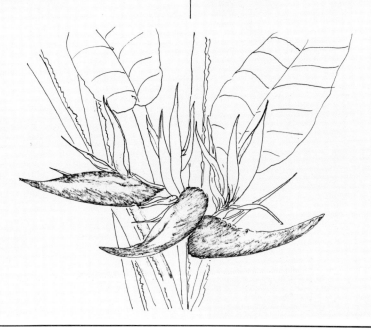

Araraunas o Guacamayos
Macaws
Eigentliche Aras
Aras

Aproximadamente 15 especies de Araraunas (Psittacinae) se encuentran en las partes más cálidas de la América Central y del Sur, siendo muchas de ellas extremadamente raras y han demostrado dificultad para reproducirse en cautividad. Casi la mitad de estas especies pueden encontrarse en Palmitos Park, siendo excelentes motivos fotográficos, aunque bastante ruidosos.

* * *

About 15 species of Macaws (Psittacinae) are found in the warmest parts of Central and South America and many of them are extremely rare and have proven difficult to breed in captivity. Of these species about half are to be found in Palmitos Park and are excellent photographic subjects though rather noisy.

* * *

Etwa 15 Ara-Arten (Psittacinae) finden sich in den wärmsten Teilen Zentralamerikas und des Südens, wobei viele davon äußerst selten sind und bei der Vermehrung in Gefangenschaft Probleme hatten. Fast die Hälfte dieser Arten kann man in Palmitos Park finden, und sie sind ausgezeichnete Fotomotive, obwohl sie sehr laut sind.

* * *

A peu près 15 espèces de aras (Psittacinae) *se trouvent dans les parties les plus chaudes d'Amérique Centrale et du Sud, et, presque toutes sont extrêmement rares et se reproduisent mal en captivité. Presque la moitié de ces espèces se trouvent à Palmitos Park et sont d'excellents sujets de photographie, bien qu'assez bruyants.*

Ara militaris

Guacamayo verde
De América Central, desde México a Panamá.

Green Macaw
Central America, Mexico to Panama.

Soldatenara
Zentralamerika, von Mexiko bis Panama.

Ara militaire
D'Amérique Centrale, du Mexique à Panama.

Ara chloroptera

Guacamayo rojo

De América Central y del Sur, desde Panamá a Bolivia y Argentina septentrional.

Red Macaw

Central and South America, Panama to Bolivia and Northern Argentina.

Grünflügelara

Zentral- und Südamerika, von Panama bis Bolivien und Nordargentinien.

Ara chloroptère

D'Amérique Centrale et du Sud, de Panama en Bolivie et Argentine Septentrionale.

Ara ararauna

Guacamayo azul y amarillo
Desde Panamá a Argentina

Blue and yellow Macaw
Panama to Argentina

Blau und Gelbara
Von Panama bis Argentinien.

Ara bleu et jaune
De Panama à Argentine

Los Guacamayos azules y amarillos proceden de los bordes de la cuenca del Amazonas. Se cuentan entre las primeras aves sudamericanas que se trajeron cautivas a Europa y son capaces de aprender muchos trucos (espectáculo de las aves).

* * *

The Blue and Yellow Macaw comes from the edges of the Amazon Basin. It was one of the first South American birds to be kept in captivity in Europe and can be taught many tricks (Bird Show).

* * *

Die Blauen und Gelbenara stammen von den Rändern des Amazonasbeckens. Sie waren die ersten Vögel aus Südamerika, die in Europa in Gefangenschaft gehalten wurde und ihnen können viele Tricks beigebracht werden (Vogelshow).

* * *

Les aras bleus et jaunes viennet des bords de l'Amazone. Ils comptent entre le premiers oiseaux sud-américain apportés en captivité en Europe et sont capables d'apprendre de nombreux trucs (spectacle des oiseaux).

Ara severa

Guacamayo severa

Sudamérica.

Chestnut-fronted ara

South America.

*

Rotbugara

Südamerika.

Ara sevère, ara à front chatain

Amérique du Sud.

Anodorhynchus hyacinthus

Guacamayo jacinto
Sudamérica, Brasil al sur del Amazonas.
La más grande de todas las especies de guacamayos (Araraunas).

Hyacinth Macaw
South America, Brazil South of the Amazon. The largest of all the Macaw species.

Hyazinthara
Südamerika, Brasilien südlich des Amazonas. Die grösste aller Ara-Arten (Araraunas).

Ara hyazinthe
Amérique du Sud du Brésil au Sud de l'Amazone.
La plus grande de toutes les espèces de guacamayos (Araraunas).

Ara macao

Guacamayo escarlata

Sudamérica, Brasil.

Scarlet Macaw

South America, Brazil.

Hellroterara

Südamerika, Brasilien.

Ara macao

Amérique du Sud, Brésil.

Platycercus eximius

Rosella oriental u omnicolor

Australia.

Eastern Rosella

Australia.

Rosellasittich

Australien.

Peruche omnicolore

Australie.

Amazonas
Cerca de 25 especies de Amazona se encuentran en los bosques tropicales del Nuevo Mundo.

Amazonas
About 25 species of Amazona are found in the New World in tropical forests.

Papageien Amazonen
Etwa 25 Arten amazonen finden sich in den tropischen Wäldern der Neuen Welt.

Amazones
A peu près 25 espèces se trouvent dans les bosquets tropicaux du Nouveau Monde.

Amazona ochrocephala

Papagayo de corona amarilla
Colombia, Venezuela, Guayana, Brasil, Trinidad.

Yellow-crowned Amazona
Columbia, Venezuela, Guayana, Brazil, Trinidad.

Gelbscheitelamazone
Kolumbien, Venezuela, Guayana, Brasilien, Trinidad.

Amazone à tête jaune
Columbie, Vénézuéla, Brésil, La Guyane, La Trinité.

Amazona autumnalis

Papagayo de cara amarilla
México, Nicaragua.

Yellow-cheeked Amazona
Mexico, Nicaragua.

Gelbwangenamazone
Mexiko, Nicaragua.

Amazone à joue jaune
Mexique, Nicaragua.

Amazona aestiva

Papagayo de frente azul
Sudamérica, Brasil.

Blue-fronted Amazona
South America, Brazil.

Rotbugamazone
Südamerika, Brasilien.

Amazone à front bleu
Amérique du Sud, Brésil.

Barnardius zonarius semitorquatus

Lorito o cotorra de nuca amarilla

SO. de Australia.

Yellow-naped or twenty-eight parakeet

SW Australia.

Kragensittich

Süd-und Westaustralien.

Peruche à collier jaune

S. O. d'Australie.

Aratinga auricapilla aurifrons

Cotorra de corona amarilla

Sudamérica, Brasil.

Golden-capped conure

Sudamerica, Brazil.

Goldscheitelsittich

Südamerika, Brasilien.

Peruche a tête doré

Amérique du Sud et Brésil.

Eos borneo

Loro rojo o amboina

Islas Molucas.

Red lori

Moluccan Islands.

Roter Lori

Molukken.

Lori rouge

Iles Moluccas.

Cacatúas
Cockatoos
Kakadus
Cacatois

Las cacatúas están confinadas en Australasia desde Nueva Guinea hasta Australia y las islas Salomón. Muchas se conservan en cautividad como animal doméstico y en Palmitos Park se encuentran, aproximadamente, media docena de especies. Entre las más espectaculares está la cacatúa rosada australiana *(Cacatua leadbeateri)*.

* * *

The Cockatoos are confined to Australasia from New Guinea to Australia and the Solomon Islands. Many are kept in captivity as pets and about half-dozen species are found in Palmitos Park. Amongst the most spectacular is the Australian pink species Leadbeater's Cockatoo (Cacatua leadbeateri).

* * *

Die Kakadus sind auf Australasien beschränkt, von Neuguinea bis zu den Salomoninseln. Viele werden als Haustiere in Gefangenschaft gehalten, und in Palmitos Park finden sich fast ein halbes Dutzend Arten. Unter den sehenswertesten ist der pinkfarbige australische Inkakadu *(Cacatua leadbeateri)*.

* * *

Les cacatois se trouvent en Australasie, de la Nouvelle-Guinée à l'Australie et les Iles Salomon. Beaucoup se trouvent en captivité comme animaux domestiques, et, à Palmitos Park, il y a une demi-douzaine d'espèces. Entre les plus spectaculaires se trouve la cacatois de Leadbeater (Cacatua leadbeateri).

Cacatua leadbeateri

**Cacatúa rosada
o de Leadbeater**

Australia.

**Leadbeater's Cockatoo
Pink cockatoo**

Australia.

**Rosafarbener Kakadu,
Inkakadu**

Australien.

Cacatois de Leadbeater

Australie.

Probosciger aterrimus

**Cacatúa enlutada
Cacatúa negra gigante
Cacatúa de palmera**

Nueva Guinea y Australia septentrional.

**Black cockatoo
Palm cockatoo**

New Guinea and Northern Australia.

**Ara Kakadu
Palmenkakadu**

Neuguinea und Nordaustralien.

Microglasse noir

Nouvelle Guinée et nord de l'Australie.

Cacatua galerita

Crestiamarilla
Cacatúa de moño amarillo

Australia, Nueva Guinea.

Yellow crested cockatoo

Australia, New Guinea.

Gelbhaubenkakadu

Australien, Neuguinea.

Grande cacatois à huppe jaune

Australie, Nouvelle Guinée.

Psittacus erithacus

Jaco o Yaco, papagayo gris

Selvas de Africa central.

African Grey Parrot

Forests of Central Africa.

Grauer afrikanischer Papagei

Urwälder Zentralafrikas.

Perroquet cendré

Forêts de l'Afrique Centrale.

Inseparables * Love Birds
Die Unzertrennlichen * Inséparables

Los Inseparables son miembros de la familia de los loros y proceden principalmente del Africa central y oriental, así como de Madagascar. El nombre le viene del afecto que se demuestran las parejas. Palmitos Park posee varias especies, la mayoría de las cuales se reproducen libremente, y muchos cientos de los Inseparables enmascarados *(Apagornis personata)* vuelan en libertad por el parque, y se reproducen con facilidad en las palmeras, o en las cajas, dispuestas para nidificar.

* * *

The Love Birds are members of the Parrot family and come mainly from Central and East Africa and Madagascar. The name comes from the affection shown between pairs. Palmitos Park has various species most of which breed freely and many hundreds of the masked-lovebird (Apagornis personata) *fly free in the park and breed readily in the palm trees or in the nest boxes provided.*

* * *

Die Unzertrennlichen sind Mitglieder der Lorifamilie und kommen hauptsächlich aus Zentral-und Ostafrika, sowie aus Madagaskar. Der Name wurde ihnen gegeben aufgrund der Zuneigung, die sich die Paare bezeugen. Palmitos Park besitzt einige Arten, von denen die meisten frei brüten, und viele Hunderte der maskierten Unzertrennlichen fliegen frei in Park herum und pflanzen sich gerne in den Palmen oder den zum Brüten bereitgestellten Kästen fort.

* * *

Les inséparables sont membres de la famille des perroquets et proviennent principalement d'Afrique Centrale et Orientale, ainsi que Madagascar. Leur nom vient de l'affection que montrent les couples. Palmitos Park en possède plusieurs espèces, la majorité d'entre elles se reproduisent librement et plusieurs centaines d'inséparables Masqués volent dans les palmiers.

Larius roratus

Loro ecléctico

Australia.
El macho es verde y la hembra rojo brillante.

Eclectus parrot

Australia.
The male is green and the female bright red.

Edelpapagei

Das Männchen ist grün, das Weibchen glänzend rot. Australien.

Perroquet eclectique

Le mâle est vert et la femelle rouge brillante.
Australie.

Ramphastos ambiguus

Tucán piapoco amarillo

Sudamérica.

Black-mandibled toucan

South America.

*

Goldkehltukan

Südamerika.

Toucan à mandibule noire

Amérique du Sud.

Tucanes y sus parientes
Toucans and their relatives
Tukane und Ihre Verwandten
Toucans et sa famille

Los tucanes *(Rhamphastidae)* son aves del Nuevo Mundo especialmente de las selvas tropicales de la cuenca amazónica. Todos tienen grandes picos de brillante colorido, y figuran entre las de más extraño aspecto de todas las aves. En Palmitos Park se desarrollan bien tanto las más grandes y brillantes especies como algunas de las más pequeñas y raras, tales como la aracari de rabadilla roja *(Pteroglossus erythropygus)*.

* * *

The Toucans (Rhamphastidae) *are from the New World especially the tropical forest of the Amazon basin. All have large brightly coloured bills and are amongst the strangest looking of all birds. In Palmitos Park both the largest and brightest species as well as some of the very rare smaller ones such as the red-rumped aracari* (Pteroglossus erythropygus) *thrive.*

* * *

Tukane *(Rhamphastidae)* sind Vögel der Neuen Welt, besonders der tropischen Wälder des Amazonasbeckens. Alle haben grosse Schnäbel in glänzenden Farben und sie haben von allen Vögeln das seltsamste Aussehen. In Palmitos Park entfalten sich sowohl die grössten und glänzendsten Arten, als auch einige der kleineren und selteneren wie die Rotsteibarassari *(Pteroglossus erythropygus)*.

* * *

Les toucans (Rhamphastidae) *sont des oiseaux du Nouveau Monde, spécialement des forêts tropicales du bassin Amazonique. Tous ont un grand bec très haut en couleurs, et figurent entre les oiseaux de plus étrange aspect. A Palmitos Park, les deux espèces se développent, aussi bien les grandes et très coloreés que quelques unes des plus petites, par example, l'aracari à croupion-rouge.* (Pteroglossus erythropygus.)

Aulacorhynchus haematopygos

Tucanito verde con rabadilla roja

América del Sur y Central, desde México a Perú.

Crimson-rumped toucanet

South and Central America, Mexico to Peru.

Rotbürzel-grünarassari

Süd- und Zentralamerika, von Mexiko bis Peru.

Toucanet à croupion rouge

Amérique du Sud et Centrale, depuis le Mexique jusqu'au Pérou.

Megalaima mystacophanos

Barbu cabeza multicolor

Malaya y Borneo

Gaudy Barbet

Malaya and Borneo.

Buntkopfbartvogel

Von Malaya bis Borneo.

Barbu à tête multicolore

Malaya et Borneo.

Ramphastos toco

Tucan toco
Sudamérica, Guayana y Brasil.

Guiness Toucan
South America, Guayana and Brazil.

Reisentukan
Südamerika, Guayana und Brasilien.

Toucan toco
Amérique du Sud, Guyane et Brésil.

Pichones y palomas
Pigeons and Doves
Taubchen und Turtel-tauben
Pigeons et colombes

    Pichones y palomas se dan en todas las regiones templadas y tropicales del mundo, pero la mayoría de las especies se concentran en Asia. La paloma bravía *(Columbia livia)* ha sido domesticada desde hace más de tres mil años. La mayoría son granívoras, y pueden ocasionar considerable daño a las cosechas de cereales. Palmitos Park tienen numerosas especies, pero cuenta especialmente con la rara Gouras o Pichón coronado.

* * *

    Pigeons and doves occur in all the temperate and tropical regions of the world but most species are concentrated in Asia. The Rock Dove Columbia livia *has been domesticated for well over 3000 years. Most are granivorous and can do considerable damage to grain crops. Palmitos Park has numerous species but especially the rare Gouras or Crowned pigeons.*

* * *

    Taubchen und Turtel-tauben, gibt es in allen gemässigten und tropischen Gegenden der Welt, aber die meisten Arten finden sich in Asien. Der Felsentaube *Columba livia* wurde vor mehr als 300 Jahren domestiziert. Die meisten sind Kornfresser und können der Getreideernte beträchtlichen Schaden zufügen. Palmitos Park hat zahlreiche Arten, besonders aber die seltene Gouras oder Kronentauben.

* * *

    Pigeons et colombes se trouvent dans toutes les régions tempérées et tropicales du monde, mais la majorité des espèces se concentrent en Asie. La pigeon biset (Colomba livia) *a été domestiquée, il y a plus de 3.000 ans. La majorité est granivore et peut provoquer de graves dégats dans les cultures de céréales. Palmitos Park en ont une grande variété, mais spécialement la rare Gouras ou Pigeons couronnés.*

Goura victoria

Paloma coronada

Nueva Guinea en las selvas tropicales.

Victoria crowned Pigeon

New Guinea, in tropical forests.

Fächertaube

Neuguinea in tropischen Urwäldern.

Goura de Victoria

Nouvelle Guinée, dans les forêts tropicales.

Goura cristata

Gura azul

Nueva Guinea.

Giant Crested Pigeon

New Guinea.

Kronentaube

Neuguinea.

Goura couronnée

Nouvelle Guinée.

Aves del Mundo * Birds of the World
Vögel der Welt * Oiseaux du monde

Irena puella

Pájaro azul de Hadas La India, Indochina, Oceanía.	**Blue-backed Fairy Bluebird** India, Indochina, Oceania.
Elfenblauvogel Indien, Indochina, Ozeanien.	**Oiseau bleu des fées** Inde, Indochine, Oceanie.

Colius macrorus

Colio de nuca azul Africa Central.	**Blue-necked colie or Mousebird** Central Africa.
Blaunacken Mausvogel Zentralafrika.	**Colie à collier bleu** Afrique Centrale.

Leothrix lutea

Ruiseñor de Japón Japón.	**Japanese Nightingale** Japan.
Japanische Nachtigall, Sonnenvogel Japan.	**Rossignol du Japon** Japon.

Poephylla acuticauda

Diamante de cola larga Australia.	**Long-tailed grass finch** Australia.
Spitzschwanzamadine Australien.	**Diamant à longue Queue** Australie.

Leucospar rothschildi

Estornino de Rothschild Bali.	**Rothschild's Starling/ Bali Mynah** Bali.
Balistar Bali.	**Martin de Rothschild** Bali.

Tauraco hartlaubi

Turaco de Hartlaub Africa del Este.	**Blue-crested or Hartlaub's Turaco** East Africa.
Hartlaubturako Ostafrika.	**Touraco d'Hartlaub** Afrique Orientale.

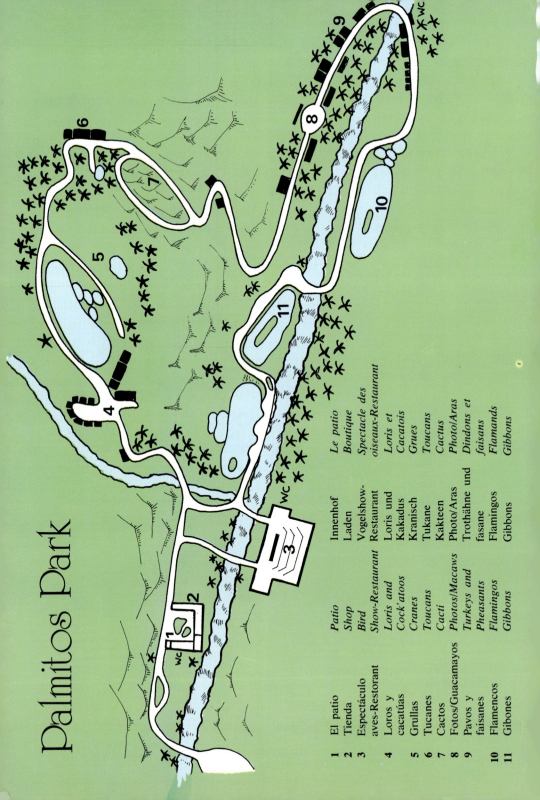